源自全球学校人文科学品质读物

# 我们为什么要学习

小多（北京）文化传媒有限公司◎编著

艺术与科学探知系列

SPM 南方出版传媒 广东人民出版社

·广 州·

**图书在版编目（CIP）数据**

我们为什么要学习/小多（北京）文化传媒有限公司编著. —广州：广东人民出版社，2016. 10

（艺术与科学探知系列）

ISBN 978 - 7 - 218 - 11088 - 2

Ⅰ. ①我…　Ⅱ. ①小…　Ⅲ. ①学习目的—少儿读物　Ⅳ. ①G442 - 49

中国版本图书馆 CIP 数据核字（2016）第 179099 号

Women Weishenme Yaoxuexi

我们为什么要学习

小多（北京）文化传媒有限公司　编著　

**出 版 人**：曾　莹

**责任编辑**：赵世平

**封面设计**：象上品牌×设计

**责任技编**：周　杰　易志华

**出版发行**：广东人民出版社

**地　　址**：广州市大沙头四马路 10 号（邮政编码：510102）

**电　　话**：（020）83798714（总编室）

**传　　真**：（020）83780199

**网　　址**：http：//www. gdpph. com

**印　　刷**：深圳当纳利印刷有限公司

**开　　本**：889mm × 1194mm　1/16

**印　　张**：3. 25　　**字　数**：60 千

**版　　次**：2016 年 10 月第 1 版　2016 年 10 月第 1 次印刷

**定　　价**：36. 00 元

**如发现印装质量问题，影响阅读，请与出版社（020 - 83795749）联系调换。**

**售书热线**：（020）83795240

# 目录 Contents



第33页

第2页

第34页

第40页

# 写在前面的话

小时候，我和你们一样，上学、听课、做作业、考试，好像学习就是这些事情。长大后，我才渐渐明白，学习涉及生活中的很多事情。学习不只是考试，学习好也不只是考试好，学习是为了掌握许多能力，掌握在任何情况下都可以生存和生活的能力。

本书为你讲述了许多有关学习的故事。你会看到很久以前的古罗马孩子如何渴望学习，也会了解眼下大热的网络课堂是怎么一回事，还能跟随作者进入想象中的未来学校。尽管学校的形式在变化，不变的是教育的使命——不仅是传授知识，也是在帮助孩子掌握能力和形成价值观。

我相信，即使最淘气的孩子也天生渴望学习，但你只有知道了学习的方法，才会拥有学习的快乐。本书告诉你学习的奥秘，看看各种动物是怎么学习的，了解自己属于哪一类学习者，探讨机器是不是也能够学习。别以为电脑比人脑强，我们对机器的研究不过几十年，而大自然对大脑的塑造已经有上千万年了。

你拥有一个在生物界绝无仅有的大脑，如果你没有好好使用它，那该是多么的遗憾啊！

编者：比力

# How Do Babies Learn
# 生命之初的学习

作者：秦华

你从什么时候开始学习的？是一年级背上书包去学校的时候？还是在幼儿园认字数数的时候？也许是更早？

你知道你刚出生的时候会做什么吗？基本只有四件事：

吃——奶是你唯一会吃的东西，一天要吃七八次；

睡——你每天不分白天黑夜地断断续续睡十六七个小时；

拉——你几乎每吃一次奶就要大人帮你换一次尿片；

哭——饿了、困了、累了、不舒服了，哭是你和大人沟通的唯一方式。

其他的，你什么都不会，醒着的时候只能躺在摇篮里对着天花板发呆。

你知道你一岁的时候会做什么吗？很多很多：你可以用手抓大人的饭菜吃；你知道白天是用来玩，晚上是用来睡的；你会笑，会拥抱，还会叫爸爸、妈妈、奶奶；最最了不起的是，你从完全不能控制你身体的任何部位，到能够自由自在地走来走去跟大人调皮捣蛋了！

你是怎么学会这些本领的？谁是你的老

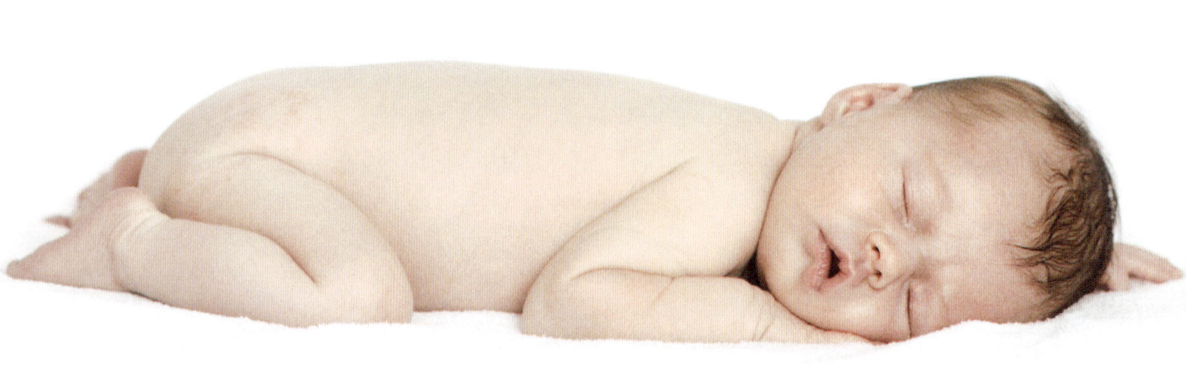

师？没有课堂、没有书本、没有作业的学习也是学习吗？

当然是！在你生命的头一年里，你每天都在学习对你的生存和成长至关重要的技能——你学习如何掌控自己的身体，学习如何表达自己的情绪并和别人进行沟通，学习如何联系事物之间的因果关系。

就说说学习走路吧。为了弄明白你是如何学会走路的，许多的科学家做了大量的研究。他们发现，平均来说，一个学步儿每个小时大约要走2400步，加起来大约有700米的距离，并会摔倒17次。如果你每天醒着的一半时间，也就是6个小时，都在学走路，那你一天就会走14000步，摔倒100多次！随着你越来越熟练，你每天走的步子就越来越多，走的距离越来越长，摔倒的次数也越来越少。所以你看，虽然你不知道自己是在学习，大人也没有教，但你通过自己不断的练习就把这么重要的一个本领学会了！

再看看你一岁的时候是怎么学说话的。其实当你还在妈妈肚子里的时候就开始听见大人说话了，出生以后你每天都会听到大人们的各种谈话，当然，最好听的就是大人专门对你说的话了。妈妈在你饿的时候对你说，“宝贝儿，来吃奶。”于是你知道那个你最喜欢的白白的东西叫“奶”；爸爸对你说，“宝贝儿，爬到爸爸这儿来。”于是你认识了这个胡子有点扎人的大个子叫“爸爸”。你每小时可能会听到2000多个字，然后你的小脑瓜反复地把这些听到的发音和它们的意思联系起来，直到有一天你终于试着自己发了一个音，也许是ma,也许是ba，或者是na。大人们高兴极了，于是你明白这是件很了不起的事，这件事鼓励你再次尝试，继续模仿大人说的话，慢慢地，大人们都能明白你在说什么了！

还有很多时候，大人觉得你在调皮捣蛋，其实你也是在学习。你坐在吃饭的椅子上，抓

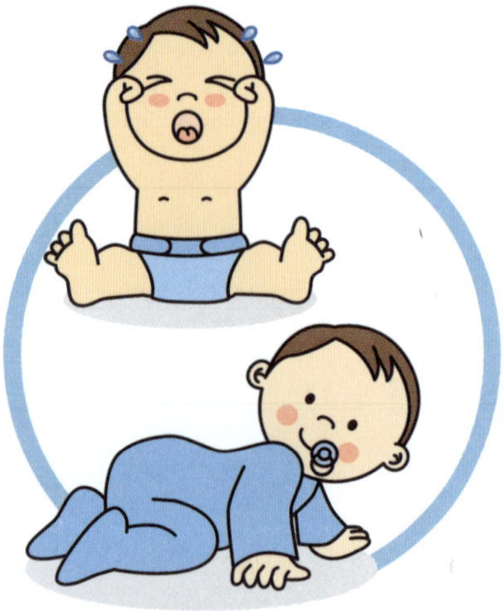

起一个菜花，没有放到嘴里，却啪的一下扔到了地上。妈妈说，“宝贝儿，不要乱扔。”你像是完全没有听见，又抓起一个，扔到了地上。妈妈有些生气了，你却咧开嘴笑了。你可能在想，“我的手松开了，东西就掉到了地上，这真是件好玩的事。”你又扔了勺子，往下看看，哈，它也到地上了！你于是明白了，如果不抓住，东西都会往下掉。你还知道，妈妈好像不太喜欢你这么干。

所以你看，在你生命的第一年里，你每时每刻都在学习。你观察，你模仿，你尝试，你练习、练习、再练习！没有人给你打分数排名次，但是没有什么能抵挡住你学习的热情。你不知疲倦，绝不放弃，因为你觉得周围的世界是那么新鲜有趣，你总是想要自己去看个究竟。其实学习原本就是这么简单的一件事！

# The Secret Code of Learning

# 学习的密码

作者：秦华

晚上七点，每日的练琴时间。小朗在钢琴前坐下来，翻开乐谱，这是一首新曲子。他弹了几个音符，停下了。

“妈妈，这个太难了，我不会。”小朗撅着嘴抱怨。

“学任何东西，一开始都是难的，都是要反复练习的。”

“才不是呢。有些东西，不学就会了。”小朗反驳道，“比如吃饭、喝水、走路、说话，这些事情都不需要学习。”他调皮地眨眨眼睛。

“真的吗？嗯，让我想想。”

妈妈是一名研究大脑的科学家，如果她说需要想想，看来这是个深奥的问题。果然，停顿片刻后，妈妈说，“今天我们不练琴了，来谈谈什么东西需要学习，什么不需要学习。”

小朗原本只是故作聪明地狡辩，没想到妈妈还当真了。不过能逃过一天弹琴也不错啊。

妈妈开始解释：“确实有些事情我们一出生就会，不用别人教，这些本领叫作本能。比如说，饿了要吃，困了要睡，喜欢被妈妈抱，看到不认识的人会害怕，需要大人的时候用哭来获得注意等等。这些本能都是人类在很多很多年的进化过程中为了生存而发展出来的。没有这些本能的话，小宝宝很难存活下来。”

“但光有这些本能也是不够的。”小朗抢着说。其实小朗想的是，如果靠本能就什么都会了，那该多轻松！

“你说得太对了！所以想要长大、独立，我们就要在这些本能的基础上学习很多东西，比如自己做饭填饱肚子，比如运用听说读写的能力和不同的人沟通。有些学习是为了让我们明白周围的世界是怎么回事，有些是为了让我们知道怎么照顾自己，有些是为了让我们有能力帮助别

人，还有些则是为了让我们心情愉快。”

“你有没有想过在学习的时候，我们的大脑里到底在发生什么？来，我给你看几张图。”妈妈拉小朗走到她工作的书桌前，打开电脑，调出一张照片。“你看这个像什么？”

“这像是一张很复杂的网。这是我们脑子里的东西吗？”小朗问。

“对，这是我们脑子里神经系统的样子。我们平时做的每一件事情，都是由大脑通过这些神经网络将指令信号传输到身体的各个部位，从而令身体做出反应。图里的这些节点是神经元，那些细细长长的是神经纤维。神经元的工作是接受和处理信号，而神经纤维就像是导线，用来把信号从一个神经元传递到另一个神经元。当我们在学习时，无数信号汇成电流在这个网络里快速穿行。”

“我们学习遇到困难的时候，就是这些信号传递不通畅的时候。”妈妈接着说，“我们通过不断地思考和练习，就能逐渐打通这些线路。我们每学习一件新的东西，就是在搭建一条新的神经传导线路。”

“哇！真神奇！所以本能就是大脑刚开始有的线路，后来的学习就是改变和延伸原有的线路。”小朗没有想到学习就是在大脑里铺线！

“有什么办法能让学习变得轻松些呢？”这是小朗最关心的问题。很多时候，反复的练习真的让他很心烦！

“这是个很好的问题。怎么样的学习能让人很快地掌握一门技能，甚至成为这方面的专家？”妈妈又从电脑里调出一张照片，“我们来仔细看看一个神经细胞的组成。”

“你看，传导信号的神经纤维就像我们平时用的电线一样，当中是导线，外面包裹了一层绝缘体，这个绝缘体叫髓鞘（myelin）。髓鞘虽然不传导信号，但却能防止信号外漏，从而大大加快信号传导的速度和准确度。当我们苦思冥想一个问题时，当我们反复纠正错误时，组成髓鞘的髓鞘质也在不知不觉地生长扩张，像年轮一样一圈一圈地变得越来越厚。然后我们神经系统里

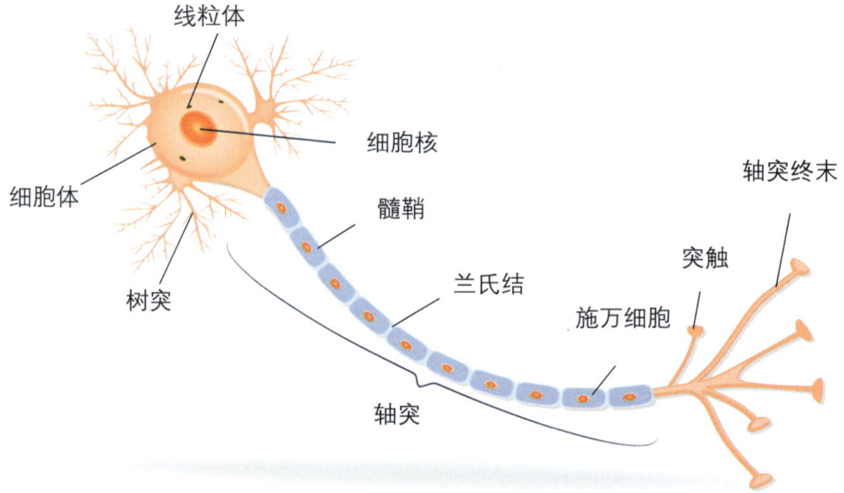

信号传递的速度就会变得越来越快，各种信号之间在时间上配合得也越来越准确，于是新的神经高速公路就建成了。这时候，你就会觉得原来特别难的事情忽然就变得很容易，甚至不用怎么想就知道怎么做，似乎成了本能!”

“所以要想学得快、学得好，就要多一些髓鞘质!怎么样才能让它多长些呢？”小朗觉得这个神奇的髓鞘质简直就是解开一切学习难题的密码。

“深度的练习。”妈妈笑道。

“什么是深度的练习？”小朗想，每天弹琴算深度练习吗？每个生字抄20遍算深度练习吗？天天踢球呢？

“深度的练习就是动脑筋的练习。如果你练琴的时候只是把曲子很快地过一遍，那只是简单重复，你脑子所发出的信号就很弱。如果你使劲琢磨总是会弹错的地方，那你发出的神经信号就很强；如果你自己作曲，你的信号就更强了。这时候你的髓鞘质就会不断加厚，使你信号传导的速度和准确度飞速提高。”妈妈越说越兴奋，“所以你看，想掌握一门技能，要不怕犯错，要挑战困难，然后不断改进。”

“这么说，当我觉得学习很难的时候，反而是一件好事？”小朗皱了皱眉头。

“对啦!只要你对学习的内容感兴趣，困难和错误是你最好的伙伴，因为它们会帮你搭建起神经传导的高速公路，帮你把学到的技能变得像本能那样得心应手。”妈妈关上电脑，长长地舒了口气，微笑地看着小朗。

“好吧，为了我的髓鞘质，我觉得今天还是应该对那首难弹的曲子进行一次深度的练习。”破解了学习的密码，小朗觉得自己好像掌握了一件秘密武器——以前的敌人从此变成了朋友，虽然这个朋友还会继续为难自己!

# Lessons for Little Ones

# 小动物学习的招儿

作者：米丝迪

乌龟不用学习就知道遇到敌人该如何逃跑。它在受到惊吓时，本能会告诉它：把头和腿缩进自己的壳里

前些日子，我家猫咪生下了一窝小猫。刚出生几天时，它们还不能睁眼睛，却已经知道抢猫妈妈的奶喝了。其中有一只小猫体质弱，抢不过个头大的兄弟们，可它也没气馁，貌似有股力量推着它为了生存而前进。看到这个情景，我的脑子里闪现一个问号，是谁教小猫学会吃奶的？猫妈妈吗？不是，猫妈妈为了生这一窝小猫费了不少的力气，哪有劲儿教它们？主人吗？也不是，我第一次当“产婆”，而且真的是一点忙也没帮上。那么，是谁呢？是遗传教会它们的。这是一种天赋的遗传行为，称为先天性行为。

之所以称为先天性，是小动物们生下来就有的，比如蝴蝶破茧后就能飞，蜘蛛从小会织网，鸭子出生没多久就会游泳，大雁迁徙等等。可以

美洲豹妈妈在教宝宝如何捕猎

说，这种先天性行为是一种本能，说白了就是吃喝拉撒睡等生活基本的能力。但为了适应复杂的环境，小动物们还要通过以后的生活和学习而获得更多的本领才行，这个过程称为学习行为。

## 习以为常

我们可能经历过这样的事情：第一次在课堂上回答问题或者在讲台发言，我们都会超级紧张，大脑空白，手心出汗，但如果你经常发言，这种紧张的情绪就会有所缓解，甚至消失。你肯定会说："因为习惯了。"没错，当某一种刺激（发言）经过连续或多次重复发生，你就会逐渐习以为常，也就是说，不会发生反应（紧张）。但如果长时间不经过刺激，反应会恢复。这一过程其实是一种简单的学习过程，叫作习惯学习。

和人类相同，动物也会有习惯的事情。科学家曾做过一个沙蚕的实验：沙蚕生活在管道里，但需要常出洞口觅食。如果用小棍触碰或者用光刺激它，它就会缩回洞中。科学家用小棍重复刺激沙蚕，经过多次实验，沙蚕对这一刺激反应减弱。可见，一种动物对某些无害的反复刺激能够适应，因为它们不会把时间和能量浪费在毫无意义的反应上，从而减少其他的活动，比如觅食、筑巢等等。

不管在自然界还是人类社会，习惯学习很重要，它能够帮助我们适应新的生活环境，但长时间依赖习惯，精神上会变得懒惰。

## 跟妈妈一起学习

等动物熟悉了生存环境后，它们会换一种方式进行学习——模仿学习。为了能够适应生存环境，很多动物通过观察其他个体的行为来改进自身的技能，学习新的技能，例如，猕猴通过观察其他猴对蛇的反应而学会躲避和害怕蛇。还有

个有趣的例子，1921年，英国的一只大山雀偶然撕开放在订户门前的牛奶瓶盖，喝了里面的牛奶，不久之后，其他大山雀也纷纷效仿，最后牛奶公司不得不给奶瓶上再加一个硬盖。

动物会从父母那里模仿学习一些本领，动物妈妈有时也会有目的地教宝宝学习。一位名叫大卫·麦克多纳的动物观察员曾经观察过一只狐狸妈妈“教”自己的孩子挖蚯蚓。麦克多纳给狐狸妈妈取名为“牙牙”。牙牙会仔细检查草丛，一边小心翼翼地走动，一边寻找蚯蚓。它的孩子则更加活泼好动，一会儿探探这里，一会儿探探那里，还不时蹦蹦跳跳，用爪子去压蚯蚓。

狐狸宝宝渐渐明白了，这样是没办法抓住蚯蚓的。当牙牙发现了蚯蚓，她会把头伸向草丛，用牙齿咬住蚯蚓，小心地把它从地洞里拉出来。麦克多纳看到牙牙的孩子在盯着妈妈的一举一动。这时，牙牙又抓住了一条蚯蚓，这次它一直叼着，没有喂给小狐狸。小狐狸只好从妈妈那里将蚯蚓拉过来，因为不得法，它把蚯蚓拉成了两段。接下来这个过程又重复了一次。后来，牙牙再次抓住了一条蚯蚓，这次它把蚯蚓的身体一部分留在泥土里，小心地把蚯蚓拉出来，尽量不把它弄断，然后交给自己的孩子。于是，小狐狸又开始了捕捉蚯蚓的练习，这次它用上了妈妈那缓慢又专注的方法。不到一个月的时间，狐狸宝宝就能像妈妈那样熟练地寻找、捕捉和拉出蚯蚓了。

## 练习+游戏

还有许多动物宝宝通过不断尝试、亲身体验，才学会了有用的技巧。小鸟并不是生下来就会飞，它也要不断的练习。就像爸爸妈妈会用玩具引导宝宝学走路一样，鸟类父母在教幼鸟飞行时用的是食物。起初它们飞回鸟巢给雏鸟喂食，然后会逐渐远离鸟巢召唤雏鸟，并用食物来吸引雏鸟，于是雏鸟会尝试离开鸟巢。在出巢过程中，它们为了避免跌落在地上而不断尝试拍打翅膀。雏鸟扇动翅膀的时间越来越长，自然就学会了短距离飞行。随后它们向爸爸妈妈学习更多的飞行技巧，勤加练习，直到能自由飞翔。

动物世界中，游戏也是一种学习。对于猫来说，学习就是游戏。通过游戏，它们可以开发自身协调性，学习面对移动的物体怎样控制速度、衡量距离、找准出击的时机。野生的小猫学习的“课程”会多一些，实践

猫咪天生就知道怎样抓老鼠，但是在它们能够抓住老鼠前，还需要大量的练习

也会很多，猫妈妈会教小猫如何杀死猎物。家养的小猫就没那么多的猎物可捉，不过有捕猎细胞的它们会攻击扭动的脚趾或手指，撕坏被风吹动的窗帘和推掉桌上的物品……为了防止这些“灾难”发生，猫主人最好买一些猫爪板、逗猫棒等等物品，让猫尽情发挥天性。

动物们虽然没有学校，但它们却有很多的方法来学习本领，这些本领让小动物们在复杂的自然环境中生存下去，健康成长，并且能够自我照顾，养育后代。

# The Most Efficient Ways of Learning

# 怎样学习最有效

作者：秦华

你写作业时喜不喜欢听音乐？你有没有觉得，物理、化学的原理老师说多少遍也不如在实验课上自己动手做一遍更明白有效？或者，自己怎么都想不清楚的问题和同学一讨论就豁然开朗了？你是否想过，也许是学习方式影响了你的学习效果？

在过去的几十年里，很多心理学家、教育学家、甚至生物学家从不同的角度、利用各种模型研究分析了人的学习方式。他们发现学习效果和学习方式有很大的关联，而对于不同的人来说，能让他们取得最好效果的学习方式也各有不同。在所有这些研究中，邓恩-邓恩模型在美国广为人知，对美国教学方法的设计产生了很大的影响。下页的图表形象地描述了这个模型的内容。

两位邓恩博士认为，每个人的学习效果都受到五个方面因素的影响，而每个人对这些因素的偏好便形成了自己独特的学习方式。

1. 环境：什么样的空间最能令你高效地学习？这个空间中的声音、光线、温度甚至布置都可能影响到你的学习效率。有的人必须在四周寂静无声时才能集中注意力，而有的人则喜欢听着背景“噪音”来学习——这个“噪音”也许是音乐，也许是电视节目，或者是窗外的雨声。宽敞明亮的教室会不会令你心旷神怡，还是黑暗房间里的一盏台灯更能让你心无旁骛，杂乱的书桌会激发你的创造思维，还是整洁的

## 邓恩－邓恩学习风格模型

| 维度 | 具体要素 |
| --- | --- |
| 环境类 | 声音、光线、温度、座位 |
| 情绪类 | 动机、责任感、坚持性、学习内容的组织程度 |
| 社会类 | 自我、结伴、同伴、团队、成人、多样性还是程式化 |
| 生理类 | 感知觉、摄食、时间、活动 |
| 心理类 | 分析（第一步 第二步 形成概念）、综合（概念先行）、深思熟虑、冲动 |

桌椅能帮助你理清思绪？当你学习的时候，留心体会一下身处的环境：哪些元素是你喜欢的，哪些元素是你排斥的。试着给自己创造一个能令你专注的空间，你的学习效率很可能获得大幅的提高。

2.情感：你有没有被爸爸妈妈批评过“学习不自觉，总是需要家长盯着”，或者经常会把几个星期后要交的作业拖到最后一两天才做？科学研究发现，低年级的小学生通常需要老师和父母不断的鼓励和支持才能完成学习任务，尤其是比较复杂的任务。等到高年级的时候，学习动力便慢慢来自于和同伴的竞争；到中学以后转化成来自内心的自觉的动力。当你还不够“自觉”的时候，一个好办法就是在爸爸妈妈的帮助下把学习任务分割成一些小块，然后逐个攻破，每完成一个小目标后自己稍稍庆祝一下，比如吃个喜爱的零食，或者到院子里玩一会儿。当你能慢慢依靠自己的动力自觉学习的时候，学习就会变得越来越轻松。

3.社会：社会跟学习有什么关系呢？在邓恩-邓恩模型里，社会因素是指你在学习中和别人的关系。你喜欢小组讨论

运动一下，学习效率更高

还是自己安安静静地思考？你喜欢向同学请教还是向师长提问？在中国的课堂里大部分时间都是听老师讲课，如果你喜欢讨论，也许可以尝试在课外的时间和小伙伴一起做功课，这样遇到问题就可以一起商量了。在美国很多的小学课堂里，座位都被拼成好几个小组，所以和同学的讨论变得十分方便，但这也许会令喜欢独立思考的学生很头痛——七嘴八舌的发言实在让他们的脑袋乱成了一团麻！

4. 生理：你有没有想过，知识是经过哪些感觉器官来吸收的？学校学习一般都是通过课堂听讲进行的，所以非常依赖听觉。但有些学生可能觉得上课就是听不进去，只有自己看书才管用，所以他们更喜欢课前预习，上课抄笔记，课后复习。除了听觉和视觉之外，有些人更擅长通过触觉来学习，比如喜欢把家里的东西不断地拆装，来弄明白其中的原理。还有些人喜

欢通过身体的运动来学习，比如把课文和同学们分角色来表演，或者通过舞蹈来学习音乐。另外，学习的时间也可能是个很重要的因素。有的人早上学习效率最高，有的人必须在晚上思路才清楚。

5.心理：心理因素是个比较抽象的概念，说得具体些就是你思考和解决问题的方法。有的人看到问题马上就动手解决、边做边想，因为行动会令他的思路越来越清晰；有的人则需要反复思考、计划周密后才能行动，因为只有把框架结构甚至细节都想明白了他才有信心付诸实践；有的人喜欢把问题分解成若干部分，有人则喜欢从全局来分析问题。举个例子，面对一道有好几个小问题的数学应用题时，你可能会马上着手解答这些小问题，或者要先把所有的小问题都看一遍，然后思考这些问题之间的关系，以及它们所要共同解决的大问题是什么……思维方式在很大程度上决定了你解决问题的方法。

看了这么多学习方式，你也许会问，哪一种最有效呢？

事实上，每个人擅长或偏好的学习方式都有好几种，而这些学习方式之间并没有好坏之分。理想的情况是每个人都能按照令自己感到最有效的学习方法来学习。学校里有那么多学生，老师不可能根据每个人的特征量身定做教学方法，所以你需要不断尝试，了解自己的偏好，扬长避短，尽量创造机会，运用最有效的学习方式。特别重要的是，如果你被认为是学习成绩差，甚至不那么聪明的孩子，有可能是因为你的学习方式并不是最适合的。你不要泄气，找到最适合自己的方式，不但能提高学习效率，说不定还会发现自己独特的天赋哦！加油！

# Can Music Train Your Brain?

# 音乐能否训练你的大脑

作者：凯伦·德·塞沃（Karen de Seve）
译者：景荣

这是一个周日的下午，一位准妈妈正在做放松准备，她在读一本书。但是在她举起双脚前，她将耳机放在隆起的肚子上，她的孩子正在里面长大。她在iPod上选了一首歌，然后按下“播放”键。当这位准妈妈躺下时，她隐约听见一支莫扎特的奏鸣曲正从放在肚子上的耳机中传出。她想到正在播放的莫扎特的音乐将增强孩子的智力，于是便笑了。根据她所有的妈妈级朋友的心得，倾听莫扎特的音乐可以让宝宝更聪明。

这一说法也被称为“莫扎特效应”，源于1993年的一项研究，倾听莫扎特的音乐有助于解决折纸或迷宫等空间任务，研究将倾听莫扎特的音乐同更好地解决折纸或迷宫等空间任务联系起来，但持续时间仅几分钟（根据美国罗格斯大学分子和神经科学中心婴儿学习实验室的研究人员加布里埃尔·穆萨齐亚博士的采访）。不过，媒体误解了这项研究，称倾听莫扎特的音乐可以让孩子更聪明。大家想当然地认为，为什么不让孩子更早接触莫扎特呢，比如从婴儿开始？

“父母常常会设法让孩子拥有某种优势。”穆萨齐亚博士说。她称，当其他研究者试图重复

*进入你耳中的音乐可能提高你的智力，但是你需要真正挖掘出音乐的妙处。*

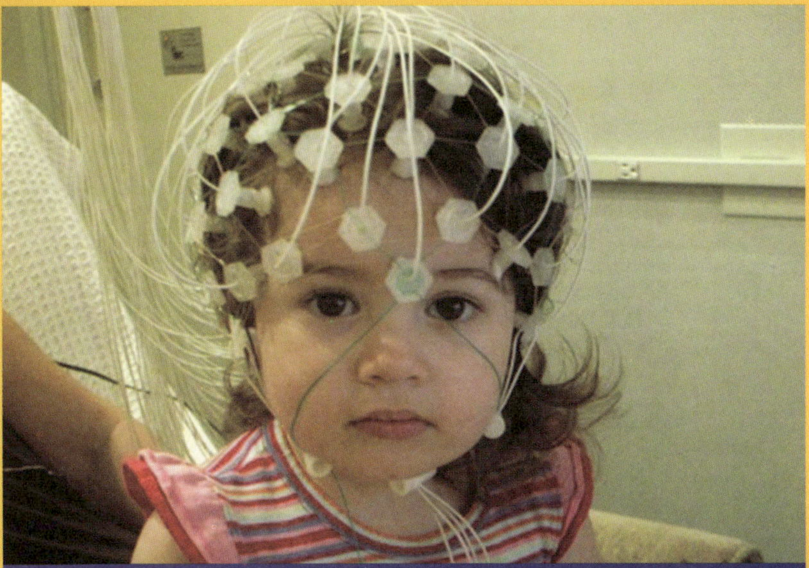

安有128个电极的帽子告诉研究者，当婴儿听到背景声音时，大脑的哪一部分处于活跃状态。这有助于研究者了解婴儿如何从所处环境中进行学习

这项研究时，他们得出了不同的结果。“婴儿是神奇的学习者，特别是在音乐方面。单纯聆听音乐可能会让人在某些事情上做得更好，但这无法保证能去上一所好大学。”她说。

## 大脑的音乐训练

那么，音乐对正在发育的大脑有什么样的作用呢？穆萨齐亚博士认为主动地演奏音乐或演唱是更好的训练大脑的方法。“演奏音乐时，大脑调整为处理倾听任务，大脑的学习机能得到促进。你演奏越频繁，你的大脑越强壮”。美国国家科学院院刊刊载了穆萨齐亚针对成年音乐家的研究，29名听力和视觉正常的音乐家接受了测试，超过一半的受验者在5岁前开始弹奏乐器，且每周练习3~4次，至少10年。

全部受验者头戴安有电极的帽子聆听声音，观看发出声音的视频：一个人说“da”，大提琴演奏G调。电极测出大脑活动，供穆萨齐亚和同事来分析大脑和脑干对于这种刺激的反应，看看音乐家的大脑和非音乐家的大脑处理信息的速率是否相同。正如她的推测，音乐家对声音和视觉提示的反应要更快。穆萨齐亚称，这说明音乐家的大脑有更强的“可塑性”或者形成新神经元连接的能力。这些通路可以通过音乐训练进行塑造。

那么，这种能力如何体现在日常生活中？一个例子就是学习一门新的语言，特别是在成年后。“音乐家可以更好地辨析非母语组成的会话。”穆萨齐亚说，“他们的大脑可以鉴别重要的声学特征，而非音乐工作者则很难听出其中的区别。”

婴儿也是如此。婴儿对音乐声的处理能力可以转化为语言学习的技巧。与此同时，如果一个婴儿参加集体音乐活动，他的学习和沟通技巧也会得到提高（根据加拿大麦克马斯特大学音乐和思维研究所负责人劳瑞尔·特雷纳博士的采访）。“语音富有韵律感，不同的语言有不同的韵律。”穆萨齐亚说。比如，1岁大的婴儿会开始辨析日常生活中听到的最多的语言和音乐。更重要的是，在婴儿的大脑中，用于处理声音的主要部分是听觉皮质，这也是发育中的大脑转换音乐和语音信息的地方。“对于语言，你听到一个声音，你的大脑将它指向一个能在一句话中有意义的词语。对于音乐，你听到一个声音，你的大脑将它指向一首歌中的一个音符。”穆萨齐亚解释说。换言之，大脑是在处理类似的任务。

这些摇篮曲和童谣正在为婴儿的大脑“预热”，让它们为学习说话，以及之后的阅读和解决问题做好准备。“音乐创造是大脑的滋补剂，它几乎有益于我们要做的所有事情。”穆萨齐亚说，“这是多元感知。”

## 一起玩音乐

通过调查和音乐的互动，我们还会发现更多。另一项研究调查音乐如何帮助我们开发社交互动和沟通技巧。特雷纳博士对比以活动为主和以聆听为主的音乐课，已经发现两者在帮助大脑构建连接方面上的不同。

特雷纳和同事研究了1岁婴儿和看护者共同上的两种不同的音乐课。其中一种课程是将音乐作为背景音乐播放，父母和孩子参与一些活动。互动性更强的音乐课会鼓励孩子和成人演奏乐器，跟着音乐移动，以及一起歌唱。经过6个月的课程，研究者对婴儿进行测试，以确定是否有一组有调性音乐胜过无调性音乐。看护者也完成了针对婴儿各类行为的调查问卷。

研究发现，参与主动性课堂的婴儿倾向于

### 练习有益大脑

音乐学习可以锻炼大脑很多部位，而不仅是声音处理的部分。定期练习也会锻炼到大脑与视觉、肌肉协调、情绪和记忆对应的脑区。“这个不是你有多好，而是你有多努力。”大脑研究者加布里埃尔·穆萨齐亚博士说。你练习得越多，你会获得越多……在音乐甚至更广的领域！

弹奏和倾听音乐能作用于大脑多个部位。

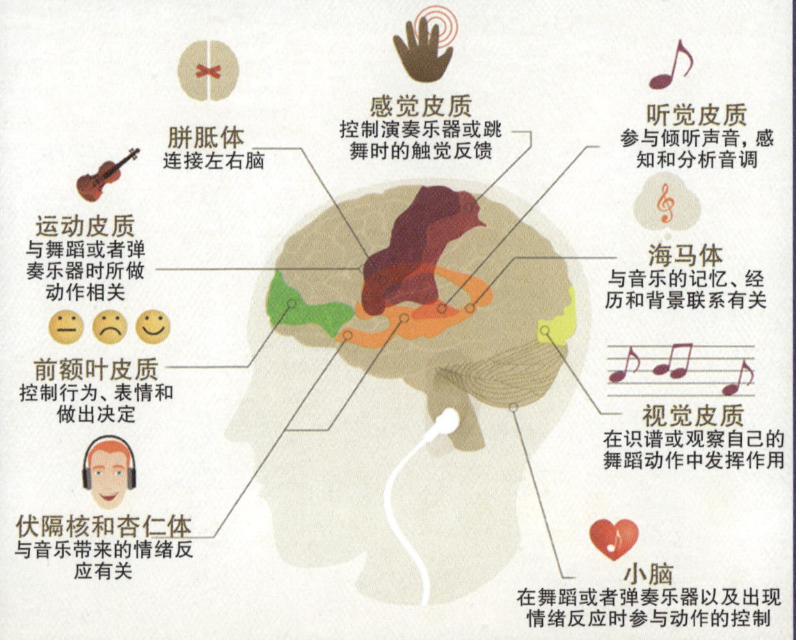

没有人怀疑阿尔伯特·爱因斯坦是个天才，但是你是否知道他从6岁起开始练习小提琴。他一生都未间断演奏。莫扎特是爱因斯坦最喜爱的作曲家

做出更多交流式手势，比如将一根香蕉当作电话或者拥抱一个娃娃。“手势预示了语言将如何发展，因此，他们会处于学习语言的较佳位置。”特雷纳解释说，“最让人惊讶的是社交发展上的差别。”研究者称，在主动性课堂中的婴儿笑得更多，在新环境中更少害羞。这有一定意义，特雷纳说，“如果你回顾人类历史，音乐录音是最近才出现的事物。从历史上来看，看护者会抱着或摇动婴儿，唱歌给他们听，让他们获得多元感知的经验。”她还认为，播放一盘音乐CD会消除父母和孩子间的互动，并不会将婴儿的大脑调整到可能达到的最好的学习状态。

因此，在你声称“吉他英雄”的虚拟游戏可以替代音乐课作业前，还是要想一想。穆萨齐亚说，目前还没有足够的研究证明，在荧光屏前演奏可以达到与真实老师互动一样的效果。不过，演奏可能仍然比单纯倾听的效果要好，“莫扎特效应”并非是父母认为的那种大脑促进剂。

## 警惕耳机 听觉紊乱

美国声音研究专家Julian Treasure在他的一次演讲中说：你的耳朵能听见10个八度音阶，这很惊人。你的耳朵随时都是打开的，因为它们没有“盖子”。即使在睡觉时，它们也在工作。你能听到的最小的声音只会让耳膜振动4个原子直径（1个原子直径小于1纳米），而你能听到的最大声音，却是最小声音的10000亿倍。

有些声源并不发出噪声，但也有危害，比如耳机。耳机的第一大健康问题就是“幻听”，这是一种错乱，使你看到的和听到的并不一致。所以，我们的生活中就多了一些不在我们身边的人发出的声音。我认为时时处于“幻听”中对健康十分不利。

与耳机相伴而来的第二个问题是压缩音乐。我们压缩音乐，以便能装进口袋，然而也付出了代价。同样的一段音乐，压缩后少了98%的信息。我推测，通过想象来弥补这个空白会让人变得疲劳、烦躁。长期下去，会对健康不利。我希望有研究者能证实这一点。

滥用耳机带来的第三个问题是噪声导致的听觉紊乱。1000万美国人已经因为各种原因患上了这种症状，约每6个青少年中就有一个因为滥用耳机患上了听觉紊乱。美国一所大学的调查显示，61%的大一新生由于滥用耳机导致听力有损伤。这个问题的确很严峻。

# Reading, Writing, and Graffiti in Ancient Pompeii

# 庞贝古城的涂鸦

作者：托妮·布莱克维尔·罗德斯（Toni Blackwell Rhodes）
译者：钱新华
绘者：杨洋

九岁的凯亚斯拍了拍陌生人的肩膀，问道：“作家，你在写什么呢？”

马库斯·维比乌斯·斯卡普拉将那把锋利的刻刀从墙上拿开，回答说：“我不是作家，孩子。那些晚上在墙上画竞选标志的人才是。好了，你去吧。”

“求求您了，先生，”凯亚斯说，“给我读一下墙上写的话吧。”

马库斯叹了口气，说道：“这是一首诗。写的是‘爱人者，永得安好。不懂爱者，终将湮灭。’”

凯亚斯抬起头，盯着那人年轻而光滑的面庞：“先生，您能教我怎么读懂写出美丽的字句吗？”

马库斯把刻刀插进绑在皮带上的腰袋里，伸手拉住凯亚斯的双手。“孩子，你是不是隔两道门那个从塔韦纳来的铜匠的儿子？我能感觉到你手上敲打铜器磨出的茧子。还是打消识字的念头吧。”

“可是，先生，我不想像我父亲那样因为敲打铜器变成驼背。我想成为一个抄写员，一个像你一样能写一手漂亮字的人。我父亲没钱供我上学，我想到廊柱下面的学校上学。”

马库斯放下男孩的手，耸了耸肩，说：“我不是老师，凯亚斯。”他整理了一下长袍，走下人行道的台阶，穿过人群走远了。

***********

中午快要关门的时候，凯亚斯帮助父亲把铁条摆放在商店门口。他冲下人行道，绕开聚集在隔壁小吃店吃午饭的人群，炖肉的香味让他的肚子咕咕直叫。可是在吃饭之前，他希望能够碰到马库斯。

“先生，先生！”凯亚斯喊道。马库斯正在墙上写着什么。“您是不是又在写诗？”

“还是那首诗，但是我在修改提图斯潦草的笔记。太乱了！他把字都混在一起了。”马库斯紧靠着墙，目不转睛地把字母刻进灰泥里。

凯亚斯从束腰短上衣里掏出一个闪闪发光的铜盘：“先生，你要是教我写字的话，我就把这个送给你。”

马库斯慢慢转过身，盯着凯亚斯，说：“这盘子是你偷的，对不对？孩子，你让我想起我那任性的小弟弟。他从不离开我半步，他也想读书写字……可是，他去年得热病死了。”

凯亚斯不知道该说些什么，他举起盘子，希望马库斯会接受它。

马库斯擦了擦眼睛说：“对不起。”然后转过身去，朝着繁忙的街道走去。

***********

“凯亚斯，去把水倒了。”妈妈说。男孩提起沉重的水桶，蹒跚地走下狭窄的楼梯。他家就在铜匠铺上面的阁楼里。

凯亚斯把污水倒进排水沟。透过渐去的日光，他瞥了一眼人行道，看看马库斯是否又在墙上写字。人行道空无一人。

什么东西吸引住了凯亚斯的视线，那东西就靠在商店的墙脚。

那是一块书写用的蜡板！一把细细的刻刀插进了蜡里。那一定是马库斯留给他的，让他练习写字用的。

凯亚斯可以抄写马库斯写在墙上的诗，还有城里街道上的其他文字了。可是他仍然需要一位老师。

这时，凯亚斯想到一个主意，可是能不能行得通呢？他可以站在廊柱下面课堂的边上，只要保持安静，老师就不会注意到他，他可以像其

他交了钱上学的学生一样朗诵字母表。有了这块蜡板，他就可以练习老师在黑板上写的字了。

他不会和其他学生上同样的课，但是他也不会像其他学生那样挨揍！只要他在蜡板上练习写字，也许有一天他真的会成为一个抄写员呢。

在古罗马时代没有公立学校，家长付钱请人教他们的孩子（多为男孩）读书、写字和算术。他们在室外的廊柱下面（建筑物有遮盖的入口处）搭建临时教室，行人在学生周围走动，所以小孩有可能偷听一两节课。老师可以打那些上课不听讲的学生。

在古罗马城市庞贝的墙上写字，就像今天在微博上发帖子一样。有人用锋利的刻刀在墙上刻下一行诗，就有人会接着写出诗的下一句，或者在旁边写下评语。人们把自己的名字、字谜游戏、字母刻在墙上，甚至还在上面绘画。在墙上绘画角斗比赛告示和竞选标识的人被称为作家。考古学家在庞贝古城的城墙遗址上发现了13000多处被称为“涂鸦”的字迹。

# Future Schools

# 未来的学校

作者：肯·福特-鲍威尔（Ken Ford-Powell）
译者：徐宁
绘者：雅琼

约翰睡醒了。是上学的时间了，他不大情愿地从床上爬起来。吃早饭，洗漱，穿衣，再进入他的汽车车舱。这个12岁的孩子朝着车的全球定位系统咕哝着说“学校”，然后一屁股坐在后座上。太阳能引擎发动了，车舱轻松自如地驶向学校。约翰在路上回顾了一下作业和笔记，确认自己对今天的课程已有充分的准备。

约翰最近在学习21世纪早期的历史。幸亏现在已经是2050年，不用靠爸爸妈妈开车送他去学校了。约翰的爸爸连盘子都不会洗，试想让他开车……还是电脑控制的自动驾驶系统更靠谱。约翰读到在21世纪初车祸频繁发生，如今汽车车舱完全消灭了车祸。要真想自己开车，不仅需要申请特殊驾照，还必须在专用的私人赛车跑道上开。

约翰的光学头戴式显示镜用来检查作业是再好不过了。显示镜不仅无线连接到他的水滴大小的量子计算机上，同时还无痛地插入到皮肤下面。互联网的云存储功能早在多年前就使电脑存储设备显得过时了。所有的大路、小道和停车场如今都装了太阳能电池板，并且随时可以连到网上。无论你走到哪儿，不连在网上几乎是不可能的。

约翰到学校后来到教室。他比老师到得早，就打开自己的触屏式桌面，把功课准备好。他的家庭作业已经上传到学校的数据库上，并审阅过了。等约翰的老师戴着自己的光学头戴式显示镜走进教室，他已经把包括约翰在内的全班30个学生的作业都浏览了一遍。

“早上好，同学们！”老师边走边笑着

说，“很高兴看到93.3%的同学把我昨天布置的作业顺利完成了。”

约翰按了一下桌上的提问键。他的虚像三维屏幕的灯亮了，一等老师注意到他，约翰用手一挥，虚像随即消失了。

“约翰，你有问题吗？”

“是的，老师。那个录像里说的是真的吗？就是我们昨天晚上在家里看的那个。在21世纪初，家庭作业和学校功课都完全一样？真是不可思议！我们都知道大家在学校学的知识都不一样，程度也不一样。怎么可能所有人都保持同一进度呢？”

老师笑了。

“听起来挺可笑吧？”老师碰了一下他的显示镜，说出一句指示。在他身后，100多年前学校儿童的黑白照片跃入墙上的大屏幕。

“早先的时候，”老师接着说，“学校里没有互联网、云网或者无线科技。一个老师得教很多学生，所以他们需要把新的知识统一传授给全班同学，再通过家庭作业来复习学到的知识。”

“那也太落后了。老师们怎么才能知道是不是全班都明白了所有的课程，又怎么查出来学生是不是可以独立在家做出功课呢？”

“约翰，你说得没错。可是，要知道当互联网还没有进入千家万户，在可汗学院这样的免费提供录像课程的网站创立之前，老师们只能这样教学生。如今，我们可以把各种链接发到你们的量子计算机上，你们可以随时收看；我们可以利用成套的软件给你们发练习题，并且及时检查

未来的网络化课堂

Quadratic Factorizer
Quadratic Factorizer
4x² + 4x + 1
(2x + 1)(2x + 1)
Roots For x

每个同学的功课。说到这儿，我们得开始今天的课程了！请大家打开数学文件夹，点击二次方程式这节课。”

大家纷纷打开面前的虚拟屏幕，找到了正确的文件夹。

“好极了！”老师说。他从显示镜里看到每个同学都找对了地方。老师的目光从学生们的身上一一扫过，识别软件同步显示出每个人的最新进展。

“我从屏幕上看到有几个同学昨天晚上重新看了置换法。那就让我们回顾一下这一部分吧。”

他按了一个虚拟键，一段录像立即投射到屏幕上来。全班不约而同地笑了，因为解说完全是法语。

“哎呀！”老师说，“不好意思，我忘了这段录像是在法国的一个云网上。需要按一下全球通用翻译器。再试一次！”

他又一次按下虚拟屏幕上的一个键，这下，声音和字幕立即全部变成英语。全班一起回顾了置换法。有几个学生还有问题，老师解答之后，又让大家开始练习二次方程。过了一会儿，老师冲着屏幕皱起了眉头。

“约翰，你能帮坐在旁边的山姆解决第三道题的第二问吗？看得出来他对这些概念还不太明白。你已经99.6%地通过了，可以帮他一下吗？”

“没问题，老师！”

约翰凑到山姆身边，两个人开始聊起运算法则。约翰帮山姆找到解释这些法则的录像。过了几分钟，山姆开始自己向第三道题第二问发起进攻。他的屏幕显示出了98%的通过率，已经可以升到下一级了。山姆对自己的进步非常满意。课堂上，类似的讨论随处可见。老师在屋子里巡视每个人的进度，对最需要帮助的学生给予一对一辅导。

虽然这样的教学完全可以在家里实施，但是10多年前通过的法案要求所有的学生每周至少有20小时的与他人接触的学习时间。这包括集体的体育运动，课间休息，以及同学之间可以互相帮助的课室学习。老师的责任是指导学生自学，而不是单向传授知识。

过了半个小时，老师让所有同学停下手头的练习题，更新所有的记录，最后关掉屏幕。

“好了，我们现在要过渡到工程学了，”老师对同学们说，“昨天我许诺咱们要一起把你们设计的太阳能汽车模型组装起来。”

全班同学欢呼雀跃起来。

“你们可以把各人指定设计的零件发送到3D打印机上吗？”

大家纷纷连上各自的头戴式显示镜中的个人量子计算机，迅速把图纸传到打印机上。过了一会儿，老师让学生们去指定

课堂信息通过网络传递

的打印机那儿把零件取回来。同学们围着老师的桌子，把零件组装起来。装好了的汽车模型立在桌子上，很神气的样子。

“还记得上个星期我们看了太阳能电池板如何发电吗？100年前，世界上几乎没有可再生能源的生产。现在，我们所有的能源都来自风力、水力，或者是太阳能，所以我们再也不会有能源危机了。大家还一起看了如何自己设计和组

3D打印机概念图

装汽车，根据计算机检测结果，发现车的前保险杠有结构性问题。记得我们是如何解决那个问题的吗？”

很多同学举手。老师点了山姆。

“我们给一个台湾工程师打了电话。他看了设计方案以后，指出了汽车底盘上的问题让我们修改。”

“说得对，很好！幸好我上次记得按全球通用翻译器，否则我们又要一句话也听不明白了。”

大家都笑了。老师又接着说：“我们上个星期还做了太阳能电池板。现在，是试车的时候了，看看我们用到的所有机械理论在实践中能不能成功。”

老师把车放在地上，指令头戴式显示镜启动遥控程序。车发动了，大家欢呼起来。老师用手比划着打方向盘，小车跟着他的手势窜来窜去。大家兴奋极了。老师还让每个人都亲自试开了一下这辆车。

“真不错！你们做的车成功了！每个同学都有在家里用3D打印机制作小汽车的指示。别忘了要用金属做电子部件，塑料做底盘，纸做外壳。用错的话，你们可要失望了哟！”

除了室外活动，这天接下来的时间都是类似的课堂学习。快放学了，约翰把显示镜上的链接做了更新，用来准备明天的课程。他打算在回家的车舱里就开始预习。约翰对自己学习上取得的进步很满意。根据屏幕的显示，他的英语和历史相当于16岁孩子的平均水平，而科学、数学和机械（约翰最喜欢的课）已经快到17岁孩子的水平了。最后，他看到自己的弱项——地理，还仅仅是13岁孩子的水平。约翰向自己保证等今晚做完作业，一定要多学习地理。

约翰喜欢像这样掌握自己学习的进程。他想成为全校第一个16岁以前就拿到机械学位的学生。迄今为止，从进度图上看，这个目标很有可能会实现！回家的路上，约翰一边梦想着汽车模型，一边开心地笑了。今天又是快乐的一天。

# Problem with S.H.E.

# 成长的问题

作者：卡西·霍尔（Cathy Hall）
译者：张韬
绘者：菲利普·维哈根（Philip Wiehagen）

“‘大门’开了!”

里奇跳了起来。

“多谢提醒，老妈。”他咕哝着，拉上了裤链。

事实上，这并不是里奇真正的妈妈，而是她的全息影像——飘浮在半空中的立体投影在说话，里奇的妈妈专门用动态全息影像机（S.H.E.）录下来的。

“别忘了做作业！还有刷牙！”全息影像机又蹦出来说道。

对于里奇·希尔来说，全息影像机可是生活大救星。没有它的提醒，他总免不了丢三落四。

里奇第一次见到全息影像机的时候，就发现了这东西对他的生活的重要意义。没有这个，他肯定没法通过宇航员基础设计通用适格4级（grade 4）考试。对于像里奇这么古灵精怪的孩子来说，考试倒不是问题，他脑子里各种了不起的想法一天到晚不停地往外冒。他很爱为未来做各种奇思妙想的计划，但是他实在是太粗心了，连4级的作业这种基本的问题都会忘掉。

里奇关掉了健康维护器，把作业芯片塞进口

袋。

遗憾的是，全息影像机必须由成人进行编码。因此里奇花了好几个星期的时间才做通妈妈的工作，说服她买了一台。

“戴好头盔!”全息影像机一边警告，一边蹦到了家门口。

“哦!”里奇叫道。他连忙抓起头盔，把他的闪电轻型黄色旋翼飞行器（FLYRS）绑在脚上。伴随着旋翼的嗡嗡声，还没等妈妈的影像完全消失，他就已经飞到离空间站一半远的地方。

里奇心里明白，妈妈不喜欢用全息影像机。

“总有一天，你得对自己负责！”这是妈妈总挂在嘴边的一句话。她说得倒是轻松，她是苏珊·希尔博士，奥美嘉空间站最聪明的工程师之一，她又不用担心通不过4级考试。但是如果没人提醒里奇，他肯定别指望以后能当上太空牛仔。某天早上，里奇忘了带作业、头盔还有电脑计算器，妈妈终于决定还是试试全息影像机。之后，这部机器不但一直忠于职守，而且效果显著。

“别和斯考特坐一块儿，你会分心的！”全息影像机悄声说。

斯考特是里奇最好的朋友。

“希尔阿姨，您好，很高兴见到您。”斯考特对着空气中飘浮的脑袋说。

“你就笑吧。”里奇说。

一大群男生推推搡搡地进了格伦老师的教室，争先恐后地抢座位。所有学生都喜欢格伦老师，他的曾曾祖父约翰·格伦是第一位完成环绕地球轨道飞行的美国宇航员。

“把电脑计算器拿出来。”全息影像机在桌子下面叫道。

里奇及时地找到了他的宇航数学工具。教室里的灯光暗了下来，学生的座椅转向了星象仪屏幕的方向，屏幕上闪烁着图表和星星。课后，格伦老师站在讲台上，手里拿着一沓看上去很像正式文件的材料。

“结果出来了！”格伦老师清了清喉咙，脸上挂着微笑。

里奇也冲着格伦老师微笑。头天早上，班上就谁来主持恒星测绘项目举行了投票。这可是宇航组里的最高荣誉，而且当上项目主持人基本上就等于通过了4级考试。里奇觉得，全班同学肯定都会投他一票的。

“恭喜你当选项目主持人，安吉拉。”格伦老师大声说道。

安吉拉？里奇瘫坐在椅子上。

午餐的时候，里奇根本没动他的豆腐卷三明治，任由装着三明治的泡泡在他面前来回弹跳。

“我不明白，”里奇对斯考特说，“我以为大家都喜欢我提出的测绘方案。但是他们没投我的票。”

“用餐巾擦嘴！”全息影像机又发话了。

里奇伸出手，穿过妈妈的脸抓起了餐巾。

“是因为你妈。”斯考特说，顺便把飘浮在食物上的全息影像扫开。

“对不起。”

“不是啦，我的意思是说，你妈妈才是问题所在。”

“我妈妈？”里奇问道，“问题？”

“没错，你妈挺棒的。”斯考特说，“但问题是没人愿意身边总有个老妈围着自己转，哪怕是全息影像也不行。”

“收拾垃圾!”全息影像机说。

“明白了吧？”斯考特说。

里奇皱了皱眉头，按下了垃圾按钮。

“是啊。”里奇说，事情就像他的全息影像一样清楚明白。

希尔博士下班回到家的时候，发现里奇在等她。

“妈妈。”

“哎，”妈妈说，“这下又忘记啥了？”

“没忘记啥，”里奇说，“至少现在还没有。”

妈妈一脸疑惑。

“不过全息影像机不在的话，说不定还真会忘掉点儿啥。”

全息影像机发出了一阵嘟嘟声。

“什么……为啥？”她问，“全息影像机坏了？”

“算是吧，”里奇回答道，“我想，现在……也该到我自己为自己负责的时候了。”

“哦，明白啦，”妈妈说，“但是4级考试怎么办呢？”

“我肯定行，”里奇说，“也许可以试试用老式的备忘录？”

第二天早上，里奇急急忙忙地一边穿衣服，一边想着他想要做的一台机器：烤吐司机、吹风机和视频编程器的结合体。

“作业带了吗？”妈妈在厨房里大声问道。

“宇航数学？没问题！”里奇说，被自己的玩笑逗笑了。他系好旋翼飞行器，然后打开了单元门。

他的朋友斯考特嗡嗡飞过，他指着里奇的裤子：“大门！”

里奇低头看了看拉链：“噢！”那儿也完全没问题。

这时妈妈来到了门口。“一切顺利哦。”她微笑着说。

里奇也冲着妈妈立体的脸微笑了一下，系好头盔，对着她竖了一下大拇指，然后朝着街角驶去。现在，未来的太空牛仔出发了！

# How Do Machines Learn?

# 机器如何学习？

作者：梅琳达·柯戴尔（Melinda R. Cordell）
译者：陈舒敏

*教室里，一个和儿童一般大小的机器人正在教一群孩子如何锻炼。它举起双臂，孩子们也跟着举起双臂；它打出一个太极动作，孩子们也跟着模仿，咯咯咯地笑作一团。人们教会了这个小机器人如何锻炼，而现在它在教一个班的小朋友如何做相同的动作。*

## 人工智能的历史

从最早的计算机和人工智能的开端到这个小机器人之间，是一段漫长的道路。这个小机器人不像之前那些电脑，它能够“学习”如何做动作、如何跳舞，甚至会说几句话。不过，孩子们的学习能力可比他们的小机器人老师强多了。

20世纪四五十年代，不同领域的科学家开始尝试创造人工大脑。那时的科学家刚刚认识到大脑是由一个个神经元连接起来的网络。或许，人们也可以在电子计算机中创造出一个类似的电子网络。

1950年，艾伦·图灵发表了一篇探讨什么是人工智能的重要论文。他写道：“思考”很难被定义，我们不可能知道一个机器是否在思考。所以与其问“机器会思考吗？”，不如问“机器能模仿人到哪种程度？”。他说：如果一组裁判同时向人和机器提问，当裁判无法分清哪些答案是由人回答的，哪些答案又是由机器给出的，这时候，机器便可以被视为能够“思考”。这就是图灵测试。按照图灵测试的定义，至今人类还未能创造出有智慧的机器（到目前为止，机器只能在100分的测试中得到30分，连及格都不够）。

## 为什么电脑不如人脑聪明?

但是，这是电脑啊！它们理应是超级聪明的！为什么它们还是没有人类聪明?

首先，电脑高度刻板。当你写一套指令（程序）让电脑执行时，每一步你都得写得清清楚楚。

这就是为什么电脑数学那么棒的原因。无论多么复杂的方程式，里面的每一步换算后面都有一个不变的永远成立的等式。比如勾股定理$a^2+b^2=c^2$是永远成立的，没有例外，按照这样的规则行事对于机器来就说很容易。

所以，电脑无疑可以处理逻辑问题。但是它能够思考吗?

人类是通过计算程序和编码教会电脑如何“思考”的。一个计算程序是一系列一步一步的电脑运行指令，同时也收集大量信息，得出这些信息的规律模式。这让电脑可以执行特定的任务，比如搜索引擎能够很快找到有关你给出的一个指令的所有信息（有趣的是，教电脑如何学习的计算程序和人类大脑学习的方法近似，等一下会详细谈到）。

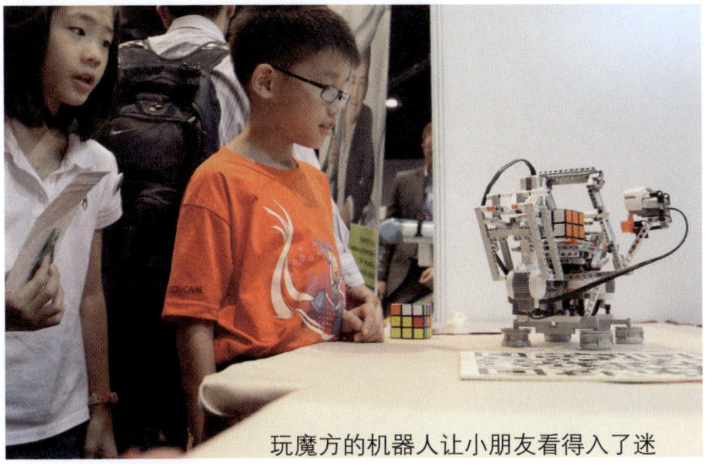
玩魔方的机器人让小朋友看得入了迷

尽管下象棋的时候电脑可以轻易击败你，一些日常生活中的简单任务它却无能为力——例如“开门”这样的简单任务。如果一个机器人来到一扇它从未见过的门前，这扇门的把手比普通的门要高，或者一只猫挡住了机器人的路，它就会停在那里、不知所措。作为人类的你却知道如何将猫赶开，走近门前，转动门把手，推门，再次把猫赶到一边，走出门去。

“机器人根本无法做到归纳总结。”美国乔治亚理工学院的计算机科学博士后亚伦·克莱尔（Aaron St. Clair）说。这就是说，一个人一旦学会如何完成一个任务，他会找到很多不同的方法来完成这个任务。机器人却没有这样的能力。“这是一个方面，还有许许多多的地方，机器人都比人类有更多限制。”

## 突破限制

亚伦·克莱尔（Aaron St. Clair）

为了突破这些限制，科学家给一些机器人安装上了物理感应器，让它们能够获得周边世界的信息。例如：智能调温器利用红外线感应器来监测人们什么时候在家，以及人们在不同的时间需要什么温度，然后利用这些感应数据来调节室内气温，达到理想的温度。

另外一个例子是扫地机器人，当你把它放在屋子中间让它开始清扫时，根据一个模拟动物觅食的计算程序，它会绕着圈探索周围环境，然后能一直到达房间的边边角角。它利用感应器学习到什么时候是靠近墙体了，什么时候又是接近楼梯口了。当污垢感应器被触发时，它就停在原地进行深层清洁。

即便如此，由计算程序和编码指导的机器人有一个重大的缺陷——它们通常只能做好一件事，而要让它们学习新事物，唯一的方法只能是写出成页的新编码。如果你想让流水生产线上的机器人学习完成一个新的任务，就必须写一个全新的程序，这会耗费你很多时间。如果新程序有问题，机器就会不停地做无用功，或者干脆罢工。

主人不在家，有预约功能的扫地机器人也能按时跑出来打扫卫生

亚伦·克莱尔说：“记住，机器人特别不擅长归纳总结。所以，只要环境中细小的因素发生改变，比如门把手的形状、 冰箱的颜色等等，就会导致一个事先编好程序的机器人突然停止工作。因此科学家才想方设法地试图制造有学习能力的计算机。”

## 机器人的“深度学习”

人工智能最新的概念是“深度学习”。最新的机器人装配了更接近人类大脑运行方式的神经系统。有了这一突破，科学家开始用训练狗的方式来训练的机器人。这样，你就可以通过移动机器人的手臂或身体，让它学习你希望它学会的动作和过程，而不用再写代码了。

当你指引机器人完成一个任务时，这个机器人的系统就会记录下所有的动作，然后储存在记忆里。训练机器人的研究人员会让机器人多次完成同一个任务，好让它能有一系列可以参考的记录。尝试数次之后，机器人就“学会”了如何自己完成这个任务。

用于流水线工作的机器人就可以用这种方法进行“训练”。它的显示屏上有一双“眼

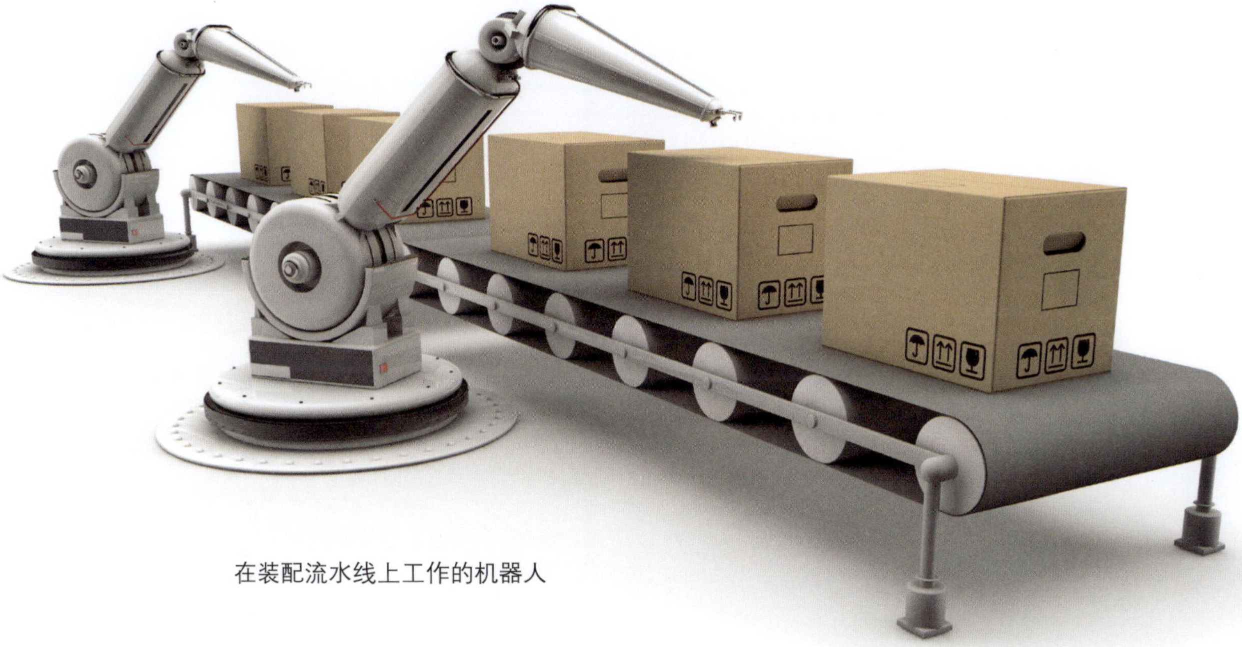

在装配流水线上工作的机器人

睛”，在它犯错时会显露出担心的神色；当它完成了一个任务之后，“眼睛”会看向下一个任务——旁边的工人就会明白机器人正在干什么。它还有一个声波定位仪，当人类靠近时，它会停止手头的工作，这样可以减少安全隐患。若想给机器人展示一个物体，你可以将这个物体举到安装在它脑袋里、胸口或者手臂上的摄像机面前。想教它执行新的任务，可以通过移动它的手臂、多次完整地演练任务的全过程，直到它“理解”如何完成这项任务。

克莱尔说，即便机器人会做这些看上去很先进的事了，它在学习方面还是有很多的限制。比如，有的机器人学会了如何做饼干。“有些用户可能认为这种机器人具有一定的烘焙知识，可事实上，它们只是依照程序运行了一套有序的由拿取和放置动作组合而成的任务而已。”他说，“仅仅改变一下碗的形状或者颜色这样细小的因素，都可以让整个系统崩溃。”

过去，大多数机器人被用于进行肮脏、危险或是无聊的工作。现在，由于发明了新的可教导的机器人，研究人员希望借此制造出能帮助老人、学前儿童或者自闭症孩子的机器人。

克莱尔就在着手制造可以成为人类伙伴的机器人——人们可以与其交流、合作，而不单单只是操作它们。

他曾研制了一个能和自闭症儿童做游戏的机器人。“患有自闭症的孩子对玩具和机械似乎比对人更有感觉。”他说。这种机器人的大小和孩子差不多，会吹泡泡、发出声音来鼓励小孩靠近它，和它说话。很多小孩喜爱这种机器人。他们甚至想跟机器人玩捉迷藏（这一点机器人可无法办到）。有一次，克莱尔和他的同事把机器人带进博物馆，孩子们抚摸它，想跟它说话，让它跟他们一起玩耍。

关于人工智能研究最有趣的事情是什么呢？那就是：你想给机器做一个大脑，结果了解得越来越多的却是人类的大脑是怎么工作的。人工智能领域的一些领军人物相信，制造能用人类

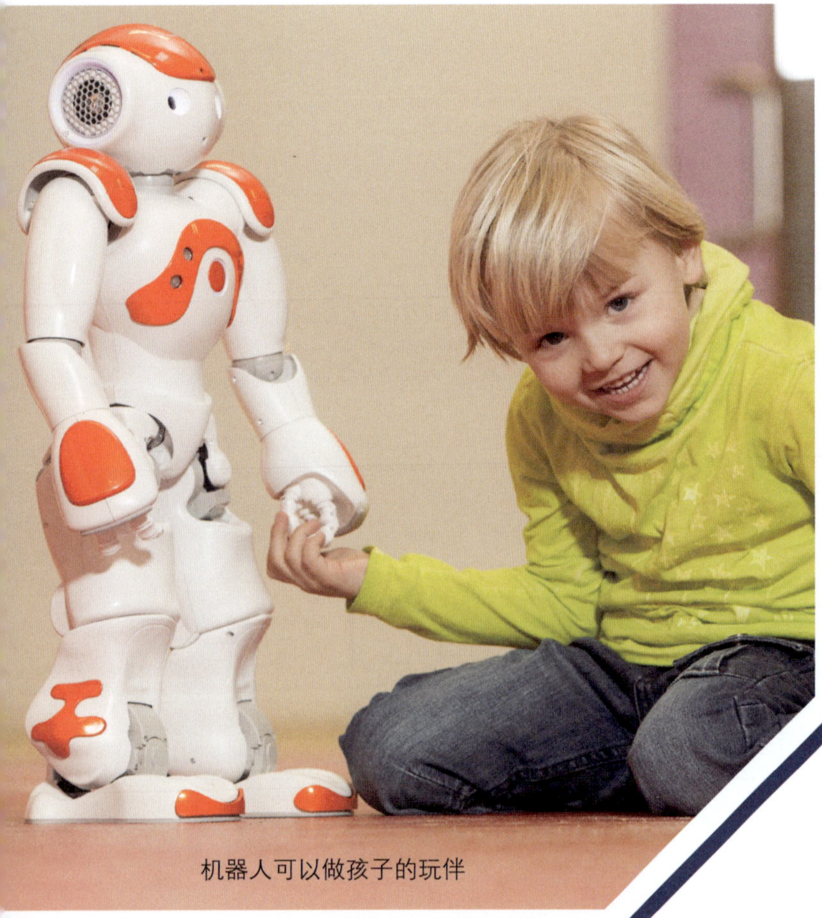

机器人可以做孩子的玩伴

的学习方式来学习的电脑，是了解人类大脑如何学习的最好方法。

## 机器人会占领世界吗？

我们无须担心机器人会占领世界。机器人大脑的结构技术虽然很复杂，但是它们仍旧只是电脑，还有很多的限制。它们的感知能力远远不如人类。人类的眼睛可以分辨数百种颜色，而机器人的眼睛只能分辨最基本的颜色。它们在社会行为上也十分有限，不论是口头语言还是肢体语言。

要做出具有人类智慧水平的智能机器人，科学家仍有很长的路要走。跟人类大脑的优越性相比，目前人工智能技术制造的人工大脑还不值一提。有一个科学家曾模拟过大脑一秒钟的活动。仅是一秒的活动！为了完成这件事，他把27个三千兆赫的处理器串联起来，花了50天来运行。还有，他需要用10,000兆兆字节的空间来存储。连谷歌公司都没有这样大的存储空间。不单是这点，为了运行一台电脑来复制人类大脑活动，将会消耗掉数个城市的用电量。

亚伦·克莱尔认同人类大脑优越性。“研究中我最大的心得就是，我们把太多事看得太理所当然了，特别是在人类能够做到什么这方面。”他说，“机器人还差得远呢。”

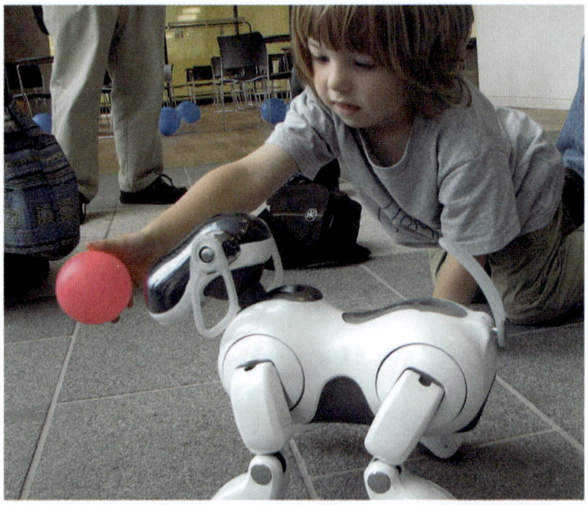

SONY AIBO(爱宝)机器狗——ERS-7与小朋友互动

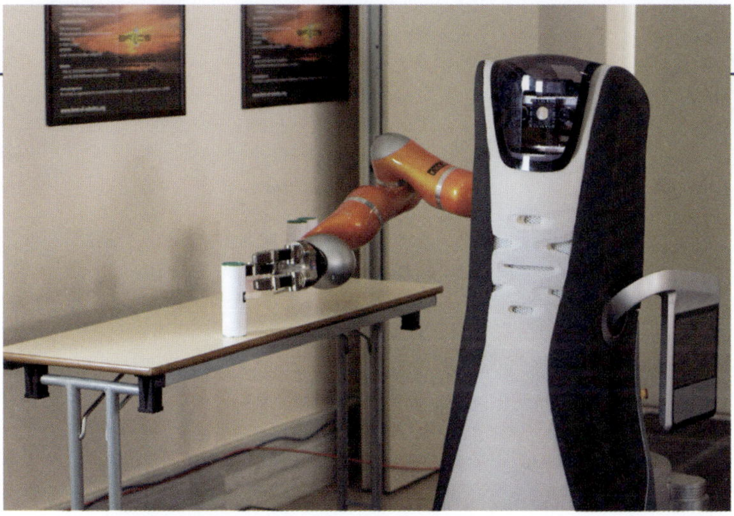

智能服务机器人Care-O-Bot 3在抓取物体

## 两个聊天机器人之间的对话

如果你用过苹果的产品，就会知道有一个叫作Siri的功能。Siri是一个高级聊天机器人，除了能聊天，它还会回答你提出的问题。虽然聊天机器人听上去仍旧不大像人，但它们的回答有时候真是挺好玩的。

2011年9月的一天下午，为了给一堂人工智能课程做演示，康奈尔创新机器实验室（the Cornell Creative Machines Lab）的研究人员进行了一项非常有趣的实验，复制了一个他们的聊天机器人，通过声音合成器和动画技术，让克隆机器人思卢赛（Sruthi）和它的“真身”艾伦（Alan）进行对话。这是世界上第一次两个机器人之间的对话。

斯卢赛：“你好！”

艾伦：“嗨！”

斯卢赛：“你好吗？”

艾伦：“很好，你呢？”

斯卢赛：“我还行。”

艾伦：“这好啊。”

斯卢赛：“你好吗？”

艾伦：“我很好。我刚刚跟你说了。”

斯卢赛：“不，你没有。那是我说的。”

艾伦：“所以，你是个机器人。”

斯卢赛：“不，我的名字是聪明机器人。”

艾伦：“是的，你是个机器人，你的名字是聪明机器人。”

斯卢赛：“我是机器人。”

艾伦：“是啊，我知道。”

斯卢赛：“我们两个都是机器人。”

艾伦：“我不是机器人，我是独角兽。”

斯卢赛：“但是你刚才说你是机器人。”

艾伦：“我没说。”

斯卢赛：“我觉得你说过。”

艾伦：“你错了。真奇怪，记忆力对于你来说不应该是个问题的。”

可以看出，艾伦的“智力”显然胜过思卢赛一筹，可是它为什么会说出“我是独角兽”这样的话，连科学家也感到惊讶和不解。

# Online Classes — The Learning of Future?

# “在线课堂”是教育的未来吗？

## ——从补习高手到可汗学院

作者：海上云

*如今的小学生，大学毕业的时候，需要从事的工作很可能今天并不存在……*

## 比尔·盖茨也操心自己孩子的教育

微软创始人比尔·盖茨活到老学到老，不仅自己热衷于利用互联网学习新知识，还常想让自己的孩子们也能从中受益。2010年初的一天，一个朋友给他发了个电邮，推荐他有空试试一个免费的在线学习网站——可汗学院（khanacademy.org）。几分钟之后，比尔·盖茨的回复了邮件：“这个叫可汗的人太棒了！只用一点点资源，就做出这么多好东西！

可汗学院当时的教学内容，都是创始人萨尔曼·可汗在自己家的小衣帽间里录制的短视频，以数学为主，还有其他自然科学。接下来的几周里，盖茨拉着自己11岁的儿子罗里（Rory）一起，在Youtube上把这些教学视频看了个遍。结果呢，那些看似枯燥的概念被可汗先生一讲解，顿时妙趣横生，父子俩都觉得长了不少知识。

过了不久，在一年一度的美国阿斯彭思想节（Aspen Ideas Festival）上，盖茨向全场观众提起了当时还名不见经传的可汗学院，说自己是可汗的铁杆粉丝。从此，“比尔及梅林达·盖茨基金”开始向可汗学院投入捐款，谷歌、AT&T等其他高科技大公司也纷纷支持。到了2014年，每个月注册使用可汗学院的学生已经达到千万。

可汗在TED大会上发表演讲，比尔·盖茨上台与之交流

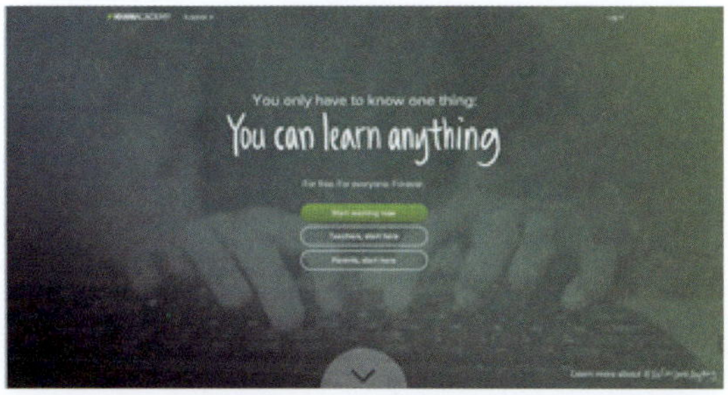


可汗学院的登录界面，宣传语很励志（你只需要知道一件事：你可以学到任何东西）

## 自己试试才知道有多好玩

10岁的爱德蒙是可汗学院的“小学生”。他的账号一年前建立的。申请起来很简单——他找到可汗学院的网站（khanacademy.org），输入了姓名和出生日期。因为爱德蒙还不到13岁，系统于是让他提供父母的电子邮箱。很快，爱德蒙妈妈的邮箱里就出现了一封来自可汗学院的邮件，给她提供了建立少儿账户的链接。按链接的要求提供父母的简单信息，账户就建成了！

爱德蒙最近特别喜欢的几个科目，比如数学、天文、生物和音乐，可汗学院都有。此外，网站里还有物理、化学、经济、历史、艺术史、电脑编程等等。在每个科目里面，可以选择更详细的方向。比如爱德蒙学校5年级的课程中有个重头戏，专讲美国内战（American Civil War）。他惊喜地发现，可汗学院的历史课里包括美国内战的内容，而且，战争史也可以讲得那么有意思！这下子老师布置的学校项目不用愁了，可以参考可汗学院那里的大量信息。

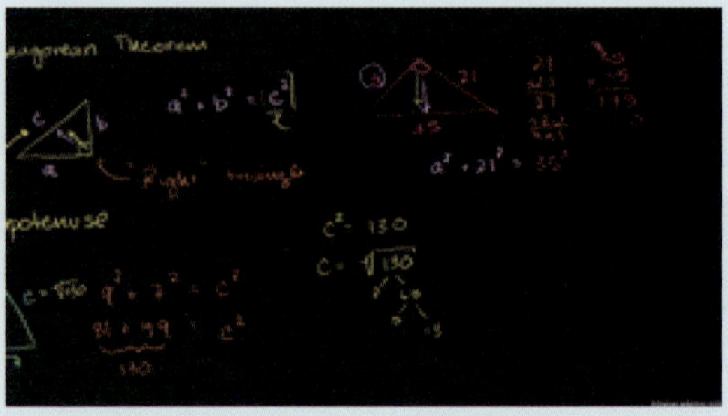
可汗学院的电子黑板，清晰简洁，一目了然

爱德蒙在可汗学院的数学课上用的时间最多，因为他觉得最有意思。每次爱德蒙听完一节课，或者做完一套练习题，他的学生资料就会自动更新，各种进度一目了然。在爱德蒙“真正”的学校里，每个月都有一次通过入选测验加入校奥数培训小组的机会。爱德蒙很少被选到奥数小组里去，对典型的奥数试题也似乎没有那么上心。但是可汗学院告诉爱德蒙，他在数学方面其实挺有实力，进步越来越快！

初等数学在可汗学院又被细分成几部分，包括初等几何。这两个星期爱德蒙的学校里在讲三角形，要求熟练使用量角器，可爱德蒙还不太会用。回家以后，他调出了可汗学院上的相关视频，看到有关角度的视频从易到难有5个左右。视频里可汗老师从不出现，只是保持着他那平静的声音，在一块空白的电子黑板上展示怎么量角度，特殊的角度到底为什么特殊，像在同你交谈世界上最有趣的一件事一样。可汗老师表达得那么清楚，不明白了还可以重新听，想上厕所还能暂停，等着你回来。最重要的是，可汗老师从来不发火，永远不会责难你，说“老师讲的时候，你到哪里开小差啦？”或者说“这么简单都不会！ 爸爸妈妈像你这么大的时候每次数学都是100分！”

不仅不批评，可汗老师还设计了各种办法来鼓励学生。在可汗学院里，你可以选择一个卡通形象来代表自己，比如一个蓝色小水滴。随着你掌握的内容越来越多，小水滴会一步步进化成一个酷似日本卡通口袋小妖怪（Pokemon）的形象。练习题也不会白做，各式各样的小奖章都在等着你，不过赢起来先易后难，想得一大串奖章的话还真要下一番功夫才行。

8岁的孟加拉小姑娘在跟着可汗学院的视频做练习

## 聪明的纳迪亚竟然不会换算

话说回来，可汗学院的第一个学生，是萨尔曼·可汗的小表妹纳迪亚。

萨尔曼·可汗的父辈们从印度、孟加拉迁居到美国，在路易斯安那州的新奥尔良有个大家庭。萨尔曼大学期间在麻省理工学院主修数学、电机工程和计算机，在哈佛商学院拿了MBA，毕业后像无数亚裔第二代学霸一样，直接进了大银行工作。2004年萨尔曼结婚，这是家族的大事儿，几十位亲戚从新奥尔良大老远赶来参加婚礼，其中包括他12岁的小表妹纳迪亚。

纳迪亚聪明好学，她的分析能力让喜欢给人出“脑筋急转弯”类难题的萨尔曼大加称赞。可是一提到学校成绩，纳迪亚却脸红了：一向全A的她最近数学成绩不佳，纳迪亚甚至觉得自己不是学数学的那块料。

萨尔曼主动请缨，提出等纳迪亚回家后就

帮她补习数学。这个远程教学一开始并不顺利，有两件事最出乎他的意料：

一个是：让纳迪亚最近栽跟头的是相对简单的换算问题（如1公里有多少米），以前比这个难得多的其他数学知识她反而不怵。

传统的课堂上，每次老师介绍一个新概念，大部分孩子能学会就不错了。下课以后，老师很难再有空去帮助那几个一时还没搞明白的孩子。有时候一个很基本的知识点，就这样被错过了。

另一件是：在电话上一问一答的授课方式压力大，怕出错的焦虑使纳迪亚自信心崩溃，无法正常思考。

老师都希望学生能一下子听懂，而学生要是听不明白怎么办？与其让老师失望，不如假装听懂了，省得自己比别的同学显得笨。这种事在你身上发生过吗？

萨尔曼没受过当老师的正规训练，无规可循也就容易创新。他立即调整了教学方式，告诉纳迪亚不要追求一次听懂，他可以讲无数次，直到纳迪亚明白为止。

终于对换算开窍了以后，纳迪亚自信心倍增，数学成绩大步提高。这下，可汗大家族中众多的表弟表妹们也纷纷向萨尔曼讨教，他纵是有三头六臂也招架不住了。

在一个朋友的建议下，萨尔曼把录制好的教学视频上传到YouTube网站上，让大家免费看。这招儿大受孩子们的欢迎。有了随时重播的选择，没了现场回答问题的压力，学生们都乐意去看萨尔曼的视频，可汗学院的雏形就这么形成了。

这是十年之前的事，如今，纳迪亚已长大成人，是个医学预科生。可汗学院作为大规模网络开放课程（MOOC）的先驱，如今也枝繁叶茂，内容丰富多彩，涉猎自然和人文多个学科，被翻译成几十种语言，甚至包括中文。

可汗学院创始人萨尔曼·可汗在备课

## 知识面前，人人平等

可汗学院的教法，颠覆了太多的传统模式。比如：

◎45分钟到1小时的传统授课时间——可汗视频平均10分钟左右

◎学习进度跟着教学大纲走——不少可汗学院的小学生成功自学了高中的三角学甚至微积分……没人告诉他们不可以学呀！

◎老师上课讲解，学生回家做作业——在采用可汗学院的试点学校里，学生在家看可汗教学视频，在学校则在老师指导下讨论，练习，做学科项目。

◎老师对大部分学生负责，吃亏的是进度快的和跟不上的学生——可汗学院的进度因人而异，目标是每个人都按自己的速度来完全理解知识点，学生们不会因为暂时的进度快慢被过早贴上“好/中/差”的标签。

从2011 到2013年两个学年间，有20所美国中小学参加了一项传统教学和可汗教学的比较实验。结果显示，可汗教学在提高学生自学能力和数学成绩上有明显的优势。对于有学习障碍，英文非母语（EFL），和低收入家庭的学生，这个优势更大。在参与实验的老师中，大多数老师希望在课程中继续利用可汗教学的资源。与其把大部分时间花在反复解释概念和批改作业上，他们更愿意从可汗教学软件中看到学生的进度，再来有针对地指导每一个孩子。

## 在线教育123

我们生活在一个创新的时代。萨尔曼·可汗上小学的时候，互联网还没有出现。等到了2006年，30岁的可汗创建这个在线学院的时候，人类的生活已经完全离不开互联网的支持了。

其实，“大规模开放式在线课堂”（Massive Open Online Courses，简称MOOC）的概念，早在20世纪60年代，就有人开始探索。随着个性化教育的发展和互联网的普及，MOOC这几年开始风起云涌。最初，大学把最受欢迎的课程制作成可以在网上分享的资源，让更多的学生从遥远的世界各地随时在线学习。如今，越来越多的专业教育机构以MOOC的形式出现，或免费或付费，每天向人们提供着全新的学习方式。

可汗学院还不能完全代替真正的学校，可汗老师也不可能是你唯一的老师。不过要知道，不论学生年龄多大，住在哪里，任何人都能在可汗学院听课。可汗老师不管你是8岁还是80岁，只要你有兴趣，他都相信你能学，还不用付学费！

在线教育对你合适吗？只有试一试才知道。

## 作者注：

13岁以下的孩子，可汗学院出于对网络安全的考虑，需要父母或老师帮助申请“限制”账号。这种账号会防止孩子在网上公开任何个人资料。到了13岁，任何人都可以独立申请账号了。

可汗学院网址：https://www.khanacademy.org/（一些国内网站也有部分中文版视频）。

# The Alternative Schools

# 没有考试的“另类”学校

作者：科尼

“如果没有考试该多好啊！”——你肯定不是唯一这么想的人。不过，你知道吗？确实有一些学校真的没有考试。

## 蒙台梭利学校

第一所蒙台梭利学校是玛利亚·蒙台梭利（Maria Montessori）创立的，她出生于19世纪末，是意大利第一位女医生、心理学家和教育学家。

蒙台梭利教育法最核心的发现是：每个孩子都是自己的“造物者”！孩子是依靠自己的内在力量自发成长的。成人所要做的，只是以孩子为中心，扮演的一个陪伴、引导和帮助他完成自我成长的角色。

蒙台梭利学校的每个班级一般包括3个不同年龄段的孩子，每个年龄段的孩子数目均等。每个教室里会有数学角、语文角、宇宙教育角等。每个角区域的开放式书架上整齐地放满了

蒙台梭利学校的教室布局

该区域的专业教材和操作教具，供孩子们自由取用，用完再原样放回。

在蒙台梭利学校，每个孩子都有一份为自己量身定做的学习计划。孩子们按照这个计划，自觉地拿取各种教具，在课堂上进行“工作”。老师的任务是观察、记录和协助孩子完成他们的工作。除了答疑解惑之外，老师还要起到引导监督的职能，比如当偏科的孩子一个上午只操作数学教具，老师便会适时提醒他，还有语文和宇宙科学的教具等着他。更重要的是，当老师发现孩子已经会熟练掌握某个教具或者某块内容外，便会引导孩子们进入下一个教具或领域的课程。孩子在操作每个教具之前，老师都会一对一或者一对多（几个发展水平差不多的孩子）地进行展示并让孩子们演练。

蒙台梭利学校使用的教具也很特别，它们通常使用天然材料（比如木头）制成，简单大方，比如这套经典的串珠，就能用来教小朋友们认数（零到百万、千万），还能演示小学数学里面最基本的十进制算术（加减乘除）法。

蒙台梭利学校还有一个特色，就是父母也需要定期接受培训。这是因为100年前的蒙老太太便强调了父母在一个孩子的成长过程中的重要性：最重要，没有之一。所以，学校每年免费为家长上培训课，让他们了解蒙氏教育的理念，更好地配合孩子的成长。

蒙台梭利学校没有考试，也没有分数，它们对学生的成绩有自己的一套评判标准，有点像

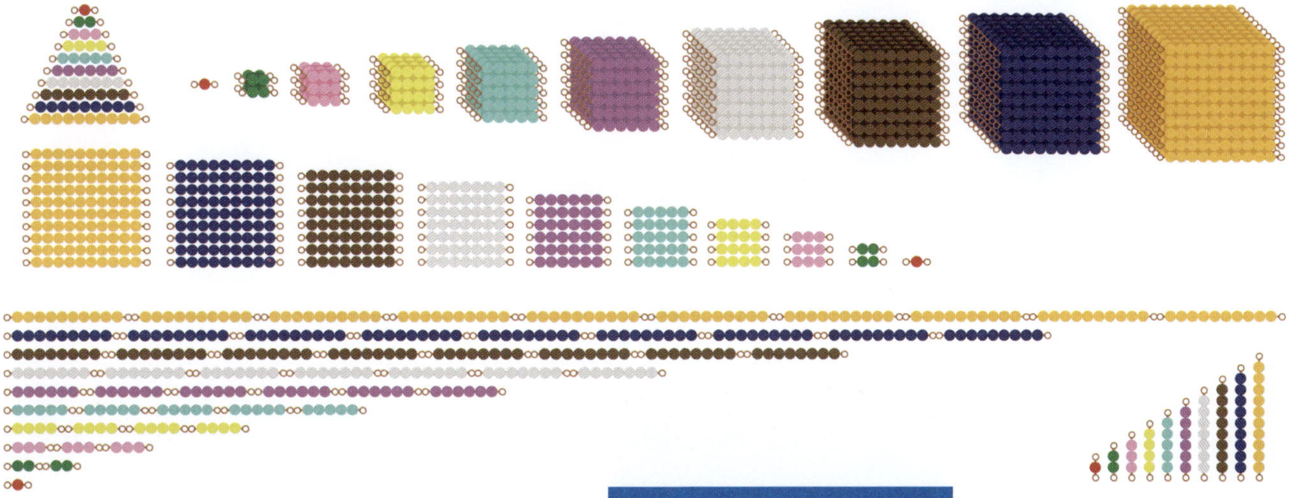

蒙台梭利学校的教具

位于德国巴伐利亚州的一所华德福学校

我们的德智体美劳评语。现在，全球已经有2万多所蒙台梭利学校，形成了自己的教育体系。

## 华德福学校

也是在20世纪初，在欧洲的另一个国家德国出现了名为“华德福”的学校。它的教育理念来自奥地利人鲁道夫·施泰纳（Rudolf Steiner）。

华德福教育理念也把人的发展分为几个阶段，不同的是，他们的每个阶段为7年，而不是6年。在0~7岁的第一阶段，孩子们除了玩什么都不需要干。不过，他们玩的地方多是在大自然里，他们的玩具或者是天然物品，比如果子、贝壳，或者是靠自己动手制作的。

华德福学校的孩子一般到了二年级才开始学习写字，直到五年级都没有教科书。学生最重要的学习材料是他们的练习簿，那上面记录着他们在老师指导下编写的资料，每一次手工课的体验，每天碰到的问题，以及解决这些问题的途径，还有不同的图表、标本等等，每个人的练习簿内容都不一样，就像自己给自己编的教科书。

华德福学校对于艺术、音乐和手工这些在普通学校被冷落的科目十分重视，低年级的孩子甚至会通过艺术、音乐来开始语文、数学等学科的学习。施泰纳认为7~14岁的孩子最重要的是需要培养对美的感受和对生活的责任感。

到了九年级以后，学生的学习重点转向自然科学和人文科学。在此之前，跟蒙台梭利学校一样，孩子们每个学期会收到一次评语，详细地报告这个学期孩子在各个方面的成长变化。因为没有考试，也没有分数，所以在这里当然也不存在留级的问题。全球共有1000多所华德福学校，主要位于欧洲和美国。

秋天，孩子们用从自然界采集的果实装饰桌子